Humpty Dumpty Dumpty

de Thomas Moore
y Pam Schiller

Ilustrado por
Mark Corcoran
Traducido por
Gladys Martínez-Suber

SRA

A Division of The McGraw·Hill Companies

www.sra4kids.com

SRA/McGraw-Hill

A Division of The **McGraw·Hill** *Companies*

Send all inquiries to:
SRA/McGraw-Hill
8787 Orion Place
Columbus, OH 43240-4027

Printed in the United States of America.

ISBN 0-07-572440-5

2 3 4 5 6 7 8 9 QST 06 05 04 03 02

Humpty Dumpty se sentó en la pared.

Humpty Dumpty se cayó sin merced.

Ni los caballos ni los caballeros del rey
pudieron armar a Humpty Dumpty otra vez.

Pero el Señor Moore sabía qué iba a hacer.
Recoger los pedazos y con su goma pegar.

Ahora Humpty Dumpty está bien, ¡qué placer!
¡Él quiere bailar y tú también!

A todos les gusta el Humpty Dumpty Dumpty.
A todos les gusta el Humpty Dumpty Dumpty.

O-o-o-o-h, Humpty Dumpty se sentó en la pared.
Humpty Dumpty se cayó sin merced.
Humpty Dumpty Dumpty.

A todos los niños les gusta el Humpty Dumpty Dumpty.
A todos los niños les gusta el Humpty Dumpty Dumpty.

O-o-o-o-h, Humpty Dumpty se sentó en la pared.
Humpty Dumpty se cayó sin merced.
Humpty Dumpty Dumpty.

A todas las niñas les gusta el Humpty Dumpty Dumpty.
A todas las niñas les gusta el Humpty Dumpty Dumpty.

O-o-o-o-h, Humpty Dumpty se sentó en la pared.
Humpty Dumpty se cayó sin merced.
Humpty Dumpty Dumpty.

A todos les gusta el Humpty Dumpty Dumpty.
A todos les gusta el Humpty Dumpty Dumpty.

O-o-o-o-h, Humpty Dumpty se sentó en la pared.
Humpty Dumpty se cayó sin merced.
Humpty Dumpty Dumpty.

Ahora Humpty Dumpty está mejor que nunca.
Humpty Dumpty Dumpty.